喵格拉底

孔喵

阿奎喵

喵丁

喵白尼

喵頓

喵-雅克·盧梭

喵洛伊德

凱因喵

喵克思

喵蒙波娃

喵當斯密

喵格瓦拉

德喵達

海喵堡

고양이 맙소사, 소크라테스!
산책길에 만난 냥도리 인문학

喵~的天啊！

貓咪街上遇見

蘇格拉底

고양이 맙소사, 소크라테스!
산책길에 만난 냥도리 인문학

喵的天啊！

貓咪街上遇見蘇格拉底

朴弘淳 박홍순 —— 著

朴淳贊 박순찬 —— 繪

野人

寫給貓咪的人類說明書

你好？我的名字叫小喵！

今天想跟各位貓咪介紹幾位人類。

　　人類活在時間和空間裡。喔！當然貓咪也是。我們都認為自己是自由的存在，但其實全都受限於其中。現在有些概念與想法已經被我們認為是很普遍的常識，但在一些大事件發生之前，這些概念被認為只是走在時代尖端的人在胡說八道，而對我們來說那些像是不知從哪裡冒出來的突發奇想，其實大多也是借用以前的想法。無論是再怎麼天才的貓咪或是出眾的人類，都無法完全不受過去影響。

> 如果想要理解現在的世界和自己，我們必須知道自己立足在哪裡。

> 那就是經過長久的時間，思想家們累積下來的時代精神。

　　貓咪的歷史太過偉大，必須更慎重地考究，所以我想先跳過，先來觀察和貓咪歷史發展很類似的人類歷史。所謂的歷史如果一段一段來看，就會像是個別事件的總和，但遠遠地看，就能看到明顯的脈絡。那個脈絡，我們在本書稱為「時代精神」。為了從個別事件的表層挖掘到根部，順著事件和事件環環相扣的連結，進而找出超越偶然的起因，我們必須讀懂滲透在那個時代的精神。哲學、科學、經濟學……就像蝴蝶輕拍翅膀，有可能引起地球另一邊的龍捲風般，不經意浮現的想法也有可能造就了巨大的潮流，成為改變活在那個時代的貓咪和人類的思想。本書將介紹發現那些想法的人類。

問題是，要遇到改變時代精神的人沒那麼容易。首先，這些人大部分都已經死掉了。因為無法找到本人問個清楚，所以我們也試著從書裡找答案，但大部分的貓咪都會在這裡放棄。因為幾乎毫無例外地，每本書都艱澀難懂，一點也不體貼讀者，作為一隻什麼都不懂的小貓咪，這讓我們真的很為難。

　　我鼓起了勇氣才能開始動筆寫這本書。這本書是為了讓各位貓咪更了解人類才寫的（當然如果你是人類，想要閱讀也沒問題）。因為很難獨自完成，所以我請了兩位人類來幫我。也就是精通哲學、歷史、藝術等的人文學家朴弘淳老師和讓我誕生的朴淳贊插畫家，他們把頭痛難懂的事情，用幽默的漫畫或圖文形式親切地說明給大家。多虧這樣，這些本來很無聊的故事，被重新詮釋成有趣的獨幕劇。

時代精神？
那是什麼？

你看這本書
就知道了。

書？我對念書沒興趣，因為我是貓。

我走了，再見

是嗎？那這個呢？

嗯？

這是什麼？

你看！變成蘇格拉底了。

?!

因為各位對人類的臉很陌生，我把人物全部換成貓咪了。

喔？你什麼時候變成孔子了？

我對cosplay挺有天分的。

　　為了把時代不同、模樣也不同的珠子串起來，我從古代到現代精挑細選了15位可以代表時代精神的人物。這些人都開創及完成了各個時代的主要潮流。

　　希望有幾位貓咪和幾位人類，透過這本書找出我們經歷過的思想轉捩點。我們只需要大致了解他們對於問題意識的輪廓就好，如果讓你們覺得好奇或有趣，另外再去找出這些人物的著作，好好研究一番的話，那這本書就算成功了。那麼，從比蘇格拉底更可愛的喵格拉底，到比切格瓦拉更帥的喵格瓦拉，現在就跟著小喵咪我一起見見這些代表時代的貓咪們，不對，人類們，好嗎？

CONTENTS

古代國家和中世紀社會

01
擁有雙重面向的哲學家
蘇格拉底

02
東方思想之父
孔子

03
中世紀基督教神學之王
多瑪斯・阿奎納

01

蘇格拉底 Socrates, 西元前469〜399年

古希臘的哲學家，出生於雅典。在蘇格拉底之前，西方哲學主要探究的方向是自然的本質。蘇格拉底以人類本身為探究對象，完全改變了哲學的方向。蘇格拉底認為真理不是相對且主觀的，而是只有一個單純根本的真理。他一輩子探究勇氣、道德、賢明、正義等本質，認為人類的本質不在身體，而在靈魂。同時蘇格拉底也是反對民主制度的人，在引發了幾次反對民主政體的政變之後，他被法庭以不尊敬神及腐蝕雅典青年思想之罪名判處死刑。

蘇格拉底沒有親自留下的著作。透過蘇格拉底的弟子柏拉圖等同時代哲學家的紀錄，我們才得以一窺蘇格拉底的思想。

「貓奴，認識你自己。」[1]

喵格拉底 Meowcrates

[1] 改編自「認識你自己。（Know thyself）」

蘇格拉底

擁有雙重面向的哲學家

這句話指責的是不了解自己深淺的人。
是斥責無知的話。

這是希望我們了解自己的無知,努力學習的意思嗎?

將哲學探討的對象，從自然轉到人類本身

在蘇格拉底之前，哲學主要探究的對象是自然。

泰利斯認為萬物的基本物質是水。

德謨克利特認為世間萬物是由原子組成的。

蘇格拉底試圖做出改變，將探究對象從自然變成人。

「你自己」代表人類的心靈。

「真正的哲學只探究靈魂，不探究肉體。」
——〈斐多篇〉柏拉圖

人類的定義是肉體，還是有肉體和靈魂，又或是只有靈魂？身體是工具，唯有靈魂才是人的本質。

根據蘇格拉底所言，大部分的人只想得到名譽和名聲，不會追求智慧和真理，讓靈魂提升。

「認識」是渴望認真了解。

蘇格拉底透過不斷問問題，讓人了解到自己的無知，協助對方領悟新的智慧。他把這樣的行為稱為「產婆術」。

問醫師關於生病的症狀可以得到回答，但是關於生命的價值，也可以得到答案嗎？

「要看純粹的美。」——柏拉圖〈會飲篇〉

即使是同樣的藥，也可能會對某些人有害。善是相對的。

要找到絕對不變的真理。

「人是萬物的尺度。」
柏拉圖〈普羅達哥拉斯〉

普羅達哥拉斯

另一個面向：**反對民主制度**

蘇格拉底是怎麼死的？誰殺了他？

凶暴的獨裁者殺了善良的哲學家嗎？

還是違背大多數希臘市民的意見而死的呢？

「不必因多數人的意見而受到限制。」
柏拉圖〈克力同篇〉

「你能跟瘋狂的多數人一起帶領國家嗎？」
柏拉圖〈阿爾西比亞德斯〉

蘇格拉底對於輿論和多數為中心的民主制度感到不以為然。
他希望從靈魂出眾的少數人中，找尋真理的可能性，

另外，他反對多數決。

走開！

「運動選手應該聽從眾人還是專家的意見呢？」柏拉圖〈克力同篇〉

足球選手應該要聽從觀眾還是教練的指示？

蘇格拉底表示，要跟隨「有分辨能力的人」因此他對雅典民主制度的多數決原則，提出反對的意見。

「哲學家、軍人和生產者混在一起，就會引起紛爭。」

柏拉圖《理想國》

政治上應該排除大部分是生產者、軍人等市民。民主制度是「難以服從的類別想要圖謀統治」。

政治要由極少數的「哲學家」負責。

哼

當時發生了幾次反對民主制度的政變。
蘇格拉底被發現和政變的主謀們關係親密，因此
以不尊敬神和腐蝕雅典青年思想之罪名被起訴。

最終蘇格拉底被抽籤選出來的
501名陪審員判決死刑。

孔子 西元前551～479年

中國春秋時代的思想家及政治家，儒家的始祖。後代以記錄
和弟子們對話的《論語》闡釋孔子的中心思想。在孔子的時
代，一般都認為君子身為引領國家和社會的指導階層，必備
能力是為強大的軍事力，但孔子認為擁有高尚品德才是最重
要的，其中最重要的品德為「仁」。孔子認為人是最有價值
的，因此思想以人為本，並延續到以照顧老百姓為優先的政
策。孔子主張亂世必須用和平而非戰爭平息。為了實踐儒家
充滿理想的政治理念，孔子十四年來周遊了列國，但沒有受
到任何一位君王重用，最後在故鄉傾全力教導學生而終其一
生。

「貓該有貓的樣子，
貓奴也該有貓奴的樣子。」❶

孔喵

❶ 改編自《論語・顏淵》：「君君、臣臣、父父、子子」。

孔子

東方思想之父

幾乎所有的東亞人都在不自覺
的情況下，
成為了孔子的弟子。

應當保存的孔子

I ♥ HIPHOP

應當消滅的孔子

自朝鮮時代扎根的孔子儒家思想，

I ♥ HIPHOP

到現在都全面性地影響著韓國社會。

今日關於孔子有著兩種不同的極端評價。

應當保存的孔子

[以人為主體的以人為本思想]

人

道

「人能弘揚聖道，
不是依靠聖道來弘揚人。」❶

人都不能侍奉好了，
怎麼能侍奉鬼神？❷

❶ 《論語・衛靈公》：「人能弘道，非道弘人。」
❷ 《論語・先進》：「未能事人，焉能事鬼？」

照顧百姓的政治思想

❶《論語‧學而》：「道千乘之國：敬事而信，節用而愛，使民以時。」

對學習和省思的渴求

「知道的就是知道，
不知道的就是不知道，
這才是真的知道。」❷

「只知讀書，卻不肯思考，就會容易被蒙蔽；只顧思考，卻不去讀書，就會容易想不通，引起疑惑。」❶

我知道看不到的要說看不到，才能拿到看得清楚的眼鏡。

❶ 《論語‧為政》：「學而不思則罔，思而不學則殆。」
❷ 《論語‧為政》：「知之為知之，不知為不知，是知也。」

比起追求利益更注重價值

孔子認為利益中心的思考是造成社會紛亂的原因。
因此不應該追求利益，而是要依循「義」為基礎處事，
依循「禮」才能維持國家和家庭的秩序。

「君子懂得的是義，
小人懂得的是利。」❶

「約束自己，
使自己的言行都合乎
於禮，即為仁。」❷

仁

❶《論語·里仁》：「君子喻於義，小人喻於利。」
❷《論語·顏淵》：「克己復禮為仁。」

透過中庸之道達到和諧的思想

外表的禮儀和內心的修養一致，才是真正的君子。❶

如果內在的實質勝過了外在的文采，就會顯得粗野；

如果文采勝過實質的話，就會顯得虛華。

❶《論語‧雍也》：「質勝於文則野，文勝於質則史，文質彬彬，然後君子。」

將百姓認為是需要被統治的對象

不過孔子以人為本的思想不是目標，更接近於手段。

對孔子而言，百姓並不是主體，而是有智慧的統治者需要帶領的對象。

應當消滅的孔子

可以讓百姓跟隨政策，但不要讓他知道原因。❶

❶ 《論語・泰伯》：「民可使由之，不可使知之。」

對於形式和禮節的執著

因為過於堅持形式和禮節，

實際要做的事會往後拖延。

「孩子要出生三年後，才能離開父母的懷抱。守三年之喪是身為子女一定要遵守的禮儀。」❶

顯考學生府君神位

❶《論語‧陽貨》：「子生三年，然後免於父母之懷。夫三年之喪，天下之通喪也。」

[否定相對性、多元性]

孔子在《論語》中表示學習儒教以外的學問對斯文有害。

在此「斯文」指得是孔子學習及傳承的儒學。

阻隔學習其他學問的可能性和多元性。

斯文亂賊❶

性理學

搜出思想不純正的人!

❶ 朝鮮時代將程朱理學奉為圭臬，崇儒抑佛風氣盛行，除了儒教以外的學者，均以「斯文亂賊」的罪名被批評誹謗或受到懲罰。「斯文」指得是這個學問，即儒教。

排斥人的天性

孔子對自然的天性採取非常嚴格的態度。

當孔子看到弟子睡午覺時，用下列的句子責罵了他懶散的態度。

「腐爛的木頭無法雕刻，用髒土堆砌的牆壁不能粉刷」❶

❶ 《論語·公冶長》：「朽木不可雕也，糞土之牆不可杇也。」

僵化的限制每個人的角色

孔子主張在社會上，必須遵守符合各自身分的規則。

「君王要有君王的樣子，臣子要有臣子的樣子，爸爸要有爸爸的樣子，孩子要有孩子的樣子。」❶

❶《論語·顏淵》：「君君、臣臣、父父、子子。」

03

多瑪斯・阿奎納 Tomas Aquinas, 1225~1274年

中世紀的義大利神學家，他以理性分析來定義神學。中世紀初期的神學充滿了超自然和神祕的要素，只能憑著信心相信神的存在。不過基督教在歐洲確立地位後，神學在各個層面均必須變得更系統化和合理化。經歷十字軍東征之後，東方的自然科學傳入歐洲社會，手工業和商業開始發展，人們對於自己的能力和物質的渴望愈來愈有興趣。再加上基督教廣為擴散在民間後，需要更合理和引起共鳴的教條。阿奎納就是專門將中世紀神學合理化的人物。也被稱為「經院哲學之王」，他所寫下的《神學大全》為其集大成的書籍，從基督教的觀點看待邏輯、形而上學、神學、心理學、倫理學、政治學等的龐大著作。

重視理性分析與探究的經院神學發展之後，歐洲各地開始紛紛設立了修道院，以修道院為中心引起了新的哲學復興。因此原本關在神祕主義這個小框架的神學，得以有了更寬廣的視野，並發展為一種學問。

「我將證明喵神的存在。」❶

ST.THOMAS AQUINYANGS

多瑪斯・阿奎喵

❶ 阿奎那的《神學大全》主旨即為證明神的存在。

多瑪斯‧阿奎納

中世紀基督教神學之王

改寫中世紀基督教的教條

如果西方文化的基礎有兩大支柱

一個是希臘神話，

另一個可以說是基督教。

阿奎納是將中世紀基督教教條集大成的人。

哲學是神學的僕人。

這是強調神學更優越
的名言。

當時的人們認為信仰是最有價值的。
哲學、科學等學問都是次要的，
並且輕忽這兩者。

阿奎納的想法完全相反。

「神學與其說是實踐，更像是思辨的學問。」

神學也
需要理性。

神學不只具有
啟示性，也可
採用理性的
論述方式。

阿奎納認為藉由理性的幫忙，可以協助神學的發展。

科學或哲學的真理和神學的真理一致。

哲學和神學有相同的目的，只是方法有所差異。

所有的罪都來自於原罪嗎？

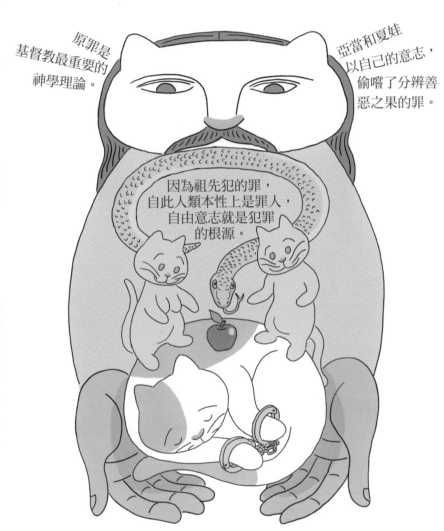

原罪是基督教最重要的神學理論。

亞當和夏娃以自己的意志，偷嚐了分辨善惡之果的罪。

因為祖先犯的罪，自此人類本性上是罪人，自由意志就是犯罪的根源。

所以結論是需要神的救贖。

然而阿奎納並沒有把所有的
罪都指向是原罪的錯。

亞當的其他罪
不是出於本性，
而是人格。

我的人
格？

除了原罪之外，也會因人格犯罪。

結論是人類的自由意志扮演著主動的角色。

肉體上、感官上的慾望也是犯罪的原因。

「感官慾望也有罪。」

透過可防備感官慾望的理性，開啟克服的可能。

人類是什麼？

基督教是強調靈魂得到救贖的宗教，認為靈魂是人類的本質。

我會救贖你。

請原諒我的罪。

中世紀初期的基督教斷定肉體是罪惡的根源。

理性也無法從肉體中分離。

理性無法實際從身體中分離。

理性精神的統一

阿奎納認為理性透過肉體的感官，可以累積體驗的研究方式。

「不同身體裡，擁有不同靈魂。」

每個人的身體不同，靈魂也各自不同，
因此個人的差異有值得關注的價值。
阿奎納的思想提供了重視個人思維的想法。

04

但丁·阿利吉耶里 Durante Degli Alighieri, 1265~1321年

以文藝復興先驅聞名的詩人，出生於義大利的佛羅倫斯。透過代表作《神曲》表現出中世紀基督教的世界觀，也以人類的自由意志實現愛情，打開了新的認知地平線。他被稱為最後一個中世紀人和最初的近代人。

在他所處的時代，文字和圖畫等所有藝術，全都是為了頌讚神和教會而存在。公開批判教會或神職人員是一種禁忌。然而但丁的《神曲》大膽地批判了神職人員的墮落，打破了以神為中心的中世紀觀念，並主張應該救贖人類本身。這對打破以神為中心潮流，將研究方向轉為探究人類內心有很大的影響。

除了代表作《神曲》（1321）之外，但丁的名作還有獻給一輩子的心上人貝雅特麗琪的情詩《新生》（1294），論述哲學倫理的《饗宴》（1307）等，撰寫了很多著作。

「拋棄貓咪者，
進入地獄入口時，拋棄一切的希望吧！」❶

喵丁 Meowte

❶ 改編自但丁《神曲・地獄篇》：「進入此處者，拋棄一切希望吧」

但丁・阿利吉耶里

以愛情開啟的文藝復興

開啟了文藝復興

文藝復興（Renaissance）是14世紀起始於義大利，並在15世紀之後擴散到全歐洲的一連串文化運動。人們復興了希臘羅馬文化，想要重現關心人類和自然的古代世界觀。

但丁的《神曲》發出了文藝復興的第一發信號彈。

《神曲》的主角但丁依序經歷地獄、煉獄和天堂，
摸索邁向救援之路。

在地獄和煉獄由羅馬詩人維吉爾引路，
在天堂則是心上人貝雅特麗琪引路。

人類救贖人類

在中世紀的基督教世界觀裡，唯有神才能救贖人類。
不過在但丁的《神曲》中，貝雅特麗琪的愛成為了救贖的第一步。
人類成為了救贖的主角。

但丁犯罪的理由不是原罪，
而是失去了愛。

當妳消失之後，
錯誤的快樂絆住了
我的腳步。

也從心上人的愛中找尋了救贖。

女神啊，因為
妳讓我的期盼
擁有了力量。

愛情不是讓靈魂生病的羞恥衝動，
反而是人類付諸行動的核心。
但丁將人們對神的視線轉向人類，
促發了文藝復興。

在愛情中嘗試找到救贖，這本身就是低調的革命。

探究自然就是神的旨意

如同弟子跟隨老師，
理性跟隨在自然之後。

但丁深信透過探究自然可以變得更有智慧。

根據但丁的畫，探究自然也是神的旨意。

理性這個才華就像是神的孩子。

理解自然就能更進一步靠近神。
將探究自然和神的旨意視為一件事。

讓中世紀堅固的信仰牆出現裂痕

但丁透過《神曲》，讓中世紀的人們開始辛辣地批判原本是救贖唯一通道的教會和神職人員。

「神職人員太過貪戀錢財。」

他所描繪的地獄裡，有貪腐的教宗和樞機主教。

「把金銀當作上帝來服侍，跟偶像崇拜有什麼不同呢？
如果他們敬拜了一個，那代表你們崇拜了一百個。」

但丁的地獄裡充滿了靠神職、聖物、聖事收錢的教宗。
將教宗送去地獄，在中世紀是革命性的挑戰。

從中世紀的慣性裡無法獲得自由

《神曲》雖然是創新的
作品，但丁依然是屬於
中世紀的人。

但丁的地獄裡，
肉體慾望是墮落
的，是一種罪。

貪戀性愛的人在地獄裡要付出犯罪的代價。

以美貌聞名遠播的克麗奧佩脫拉

在地獄裡。

引起特洛伊之戰的海倫在地獄裡。

「被慾望擄獲的罪人，必須要受罰。」

但丁被中世紀思考所侷限，
只停留在善和惡的二分法中，
沒能更進一步呈現多元的
價值和世界觀。

地獄是惡、天堂是善。
對但丁而言，
救贖是從惡走向善的
漫長旅程。

05

尼古拉·哥白尼 Nicolaus Copernicus, 1473~1543年

提出日心說的波蘭神父，也是天文學家。在他生活的時代，
一直以來都相信神以地球為中心創造了世界，並為人類創造
出太陽、星星、月亮等，是以宗教為根基的學說。他提出相
對立的日心說可謂是創舉。當時哥白尼所在的歐洲，以教宗
為首的教會擁有莫大的權力，在那種情況下哥白尼的主張其
實會帶來很大的危險。記錄了日心說概念的《天體運行論》
（1543），1616年被羅馬教廷列為禁書。

他以合理的方法和符合邏輯的數據主張及證明日心說，展現
出近代科學的典型特色。科學原本是為了服侍神的學問，但
是從哥白尼的研究開始，變成了以人類理性為中心的學問，
而且這時具備的科學目標和方法論，一直延續到之後的現代
科學。

「貓奴繞著貓運轉。」

喵白尼
Catpernicus

尼古拉·哥白尼

行星環繞運動日心

主張日心說的科學家

通常作出完全不同的嘗試

會說這是「哥白尼轉向」。

哥白尼的日心說真的就是發想的轉向。

中世紀的人原本以為天空繞著地球轉，

當他們得知其實是地球繞著天空轉時，造成了不少衝擊。

哥白尼日心說的重要性在於，
他不是用毫無根據的推論和感覺說出了理論。

他在《天體運行論》
裡以觀測數據為依據，
證明了自己的主張。

這和主張地球為中心的基督教地心說，
帶來正面衝突
的結果。

[地球繞著太陽運轉的理由]

哥白尼首先主張地球是有可能旋轉的球形。

他以感官經驗為依據，證明了地球是球形。

「朝著北方旅行時，北方的星星並不會變低。」

「在船上看不到陸地，但站在桅杆上就能看到。」

如同地球滋養著月亮，太陽滋養著地球。

「太陽坐在王位上，統治繞著周圍運轉的行星們。」

「月亮則從屬於地球。」

依據 1：規模的差異

當哥白尼出現疑問時，通常他都會依據觀察來作結論。

他又沒有現代的科學設備，怎麼能肯定他是對的呢？

看看無數的星星。

跟地球相比，宇宙無比的大。

在浩瀚無垠的宇宙裡，

地球只不過是一個點。

他先對以下這個再平常不過的事實有了疑問。

依據 2：行星之間的關係

光看行星之間的關係，地球就無法成為世界的中心。

「行星有時離地球很近，有時很遠。
光是這個事實就可以知道地球不是
行星軌道的中心。」

如果地球是世界的中心，
行星必須以固定的間距，
繞著地球運轉。

不過他觀測到的行星運轉是不規則的。

只有假設以太陽為中心時，才能觀測到行星規則的運轉。

依據3：宇宙比太陽系還要大

宇宙的空間寬廣到超越太陽系。

宇宙裡有很多中心。

哥白尼主張地球所屬的太陽系，
也有可能不是宇宙的中心。
他假設有無數個中心，真的很前衛。

將王座從神轉向太陽。

撼動了基督教的
中心思想：
「因神的恩寵
人類才能成為
宇宙的中心」

自從哥白尼的研究，擴散了宇宙的變化不是來自神，
而是依據自然的原理引發的現象。
從為了神的學問，轉向為為了人的學問，
這是現代科學的起始點。

哥白尼認為天文學是最有價值的學問，
並且說了以下的話：

他把天文學放在人文學裡的其他學問之前，當作「人文學之首」。

市民革命和近代國家

06

尚-雅克・盧梭 Jean Jacques Rousseau, 1712~1778年

18世紀的法國思想家，出生在瑞士日內瓦鐘錶匠的家庭。
他的思想不只在近代歐洲，直到現代社會也深受影響。如果
說《愛彌兒》（1762）是重新奠定教育論的知名著作，另一
個代表作《社會契約論》（1762）則是將他的思想集大成之
作。在這裡盧梭呈現了構成正義社會的原理。盧梭為了在自
然的狀態下確保人類的自由和平等，研究了該打造什麼樣的
社會秩序。因為人類無法獨自克服人生中面臨的困難，必須
透過公正的社會契約，保護各自的財產和生命。像這樣建立
的社會秩序，是以自發和自由的契約關係打造，因此社會上
的組成人員擁有其主權。1762年《社會契約論》初次出版
後，至引起法國革命的1789年為止，共再刷了20多次，可
見受關注的程度，也對醞釀歐洲革命氛圍造成不少影響。
《社會契約論》出版後，巴黎法院判他有罪，因此他為了逃
避逮捕令，長年過著逃亡生活。

「生命體是生而平等的。●」

喵-雅克・盧梭 Meow Jacques Rousseau

● 改編自盧梭的名言：「人是生而平等的。」

尚-雅克·盧梭

現代社會最重要的支柱

盧梭的《社會契約論》開啟了近代。

社會秩序不存在於自然狀態，因此需要形成契約。

盧梭說社會秩序不存在於自然狀態。

在盧梭之前，大家認為
國家都是透過自然的
過程形成的。

認為人類的本性就是會群聚一起過生活。

我們現在也學習到以家族、姓氏、部族為單位，
形成了國家。

不過如果說國家的起源是自然形成的，會有一個矛盾。

早期形成的國家裡曾存在著奴隸制度

從現在開始你們是奴隸，我是主人！

這該怎麼解釋呢？

萬一依照人的本性形成了國家，

是！主人！

包含奴隸制度等被人批判的體制，應該是無法存在的。

國家是壓抑的產物

早期國家用暴力建立了秩序，

卻用大自然或神的旨意合理化。

所以盧梭說了
下列的話。

「人是生而自由的，但卻無往不在枷鎖之中。
自以為是其他一切人的主人，反比其他一切人更是奴隸。」

為什麼主人也是奴隸呢？

　只要擁有權力和財富，不是可以做任何事嗎？

盧梭認為在壓抑的體制中，連統治者也沒有自由。

隨著權力和財富而來的就是護衛、高牆，還有監視。

社會契約打造的社會秩序

盧梭主張「經過約定」的社會契約才是唯一的解答。

所有成員為了脫離壓制，人與人之間必須形成契約。

這個契約的內容必須公正，才能從奴隸的狀態得到釋放。

盧梭知道要多數人主動配合不是那麼容易的事情。
如果變成部分的人為了多數人單方面退讓，
那就等同於又回到奴隸的狀態。

怎麼樣才能不損害每個人的權益，
實現公正的社會秩序呢？

轉讓應該成為個人的義務。

也就是說，每一個人應該擁有和義務同等的權利。

當義務和權利一致時，才會形成公平和自由的契約。

社會強加在學生和上班族身上許多義務，
但是否有提供他們相等的權利呢？

以經濟發展、
追求國家利益的名義，
許多義務是否被視為
理所當然呢？

不論是集團或國家，如果義務和權利不一致，就無法視為公正。

個人有權決定變更不公正的社會契約

主權根據個人意志產生，絕對無法轉讓。

當權力損害了義務和權利的一致時，可以推翻主權者。

盧梭奠定了近代和現代社會的主權觀念。

07

艾薩克・牛頓 Isaac Newton, 1642~1727年

英國的數學家、物理學家、天文學家。以科學領域來說，可以說是人類史上最具影響力的人物。在代表著作《自然哲學的數學原理》（1687）中透過闡述萬有引力和三大運動定律，證實了宇宙的構造和運動的定律。牛頓的理論直到20世紀中期都一直是物理學的基準。

牛頓認為萬物的本質無法用不著邊際的假設說明，要透過觀察和證明才能碰觸到根源。牛頓最大的貢獻在於以萬有引力理論為基礎，解釋了宇宙的構造。其實在牛頓之前已經有人發現萬有引力，但只有牛頓成功地利用數學嚴謹地將現象用科學的方式證明出來。以觀察和實驗為基礎，並用數學驗證結果的方法論，已從近代到現代成為科學的基準。

「所有貓咪之間都存在著引力作用。」❶

艾薩克・喵頓
Isaac Meowton

❶ 改編自:「萬物之間都存在著引力作用」。

艾薩克・牛頓

宣告科學的勝利

人類史上最偉大的科學家——牛頓。

他的著作《自然哲學的數學原理》也是人類史上最重要的書籍之一。

在牛頓之前也有很多人在科學史上留下足跡。

哥白尼，克卜勒，伽利略……

是什麼讓牛頓坐上

最偉大的科學家寶座呢？

PRINCIPIA

$E=mc^2$

$C=\sqrt{a^2-b^2}$

$x^2+y^2=e^2x^2=$

發現萬有引力

牛頓的蘋果故事非常有名。

某天牛頓看著掉下來的蘋果,

問了一個問題。

「蘋果為什麼會掉到地上呢?」

牛頓因為一顆蘋果，找到了支撐世界的原理。

萬物之間都存在著
引力作用。

這就是知名的萬有引力原理。

牛頓接下來邁向下一個階段。

「為什麼月亮不會
掉下來？」

根據他發現的萬有引力，如果沒有支撐的力量，所有物體都會掉到地上。

那月亮怎麼能一直在原位呢？

牛頓的腦袋靈光一閃。

萬一月亮是掛在天上的，

卻不會因為引力掉到地上。

這樣的話月亮上有一種不同於蘋果的引力。

月亮和地球的引力維持很好的平衡，月亮才不會掉下來。

[用運動定律揭開宇宙的原理]

月亮隨著引力，還有和地球往反方向飛出去的力量。
在這裡我們要介紹牛頓的第一個運動定律。

對物體施加力量時，
只要不改變力量，就能一
直維持那個運動狀態。

如果不改變月亮上飛出去的力量，月亮就會飛到宇宙裡。

地球的引力拉住了月亮，讓月亮不會飛出去。
那月亮為什麼不會掉到地球上呢？
在這裡介紹牛頓的第二個運動定律。

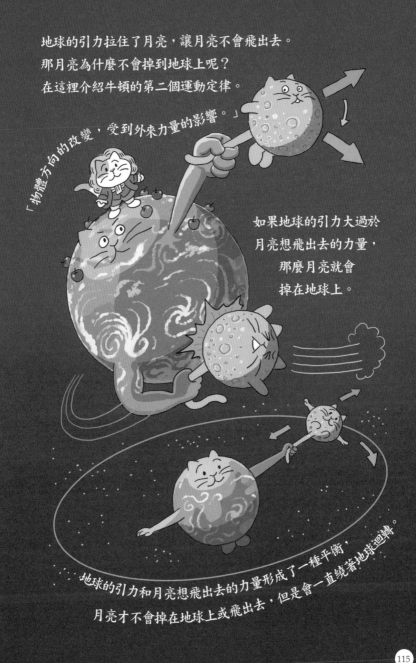

「物體方向的改變，受到外來力量的影響。」

如果地球的引力大過於
月亮想飛出去的力量，
那麼月亮就會
掉在地球上。

地球的引力和月亮想飛出去的力量形成了一種平衡，
月亮才不會掉在地球上或飛出去，但是會一直繞著地球迴轉。

就像月亮繞著地球轉，地球繞著太陽轉，
太陽系不過是宇宙的很小一部分。

宇宙裡有無數的力量朝著各個方向作用。

在這裡我們來介紹牛頓的第三個運動定律。

「所有力量，
都會產生大小相等
的反作用力。」

根據作用和反作用力法則，
宇宙裡不斷發生各種方向和
不同程度的運動。

將科學帶到新的層次

在牛頓之前，也有一些科學家想過物體有萬有引力。
不過設下萬有引力理論的規則、加以證明，
並以此為基礎，證明了宇宙構造的只有牛頓。

他對於事物的現象，
不會僅止於推測，而是更深入鑽研，
以理論來證明。

透過數學嚴謹證明了規則的人也只有牛頓。
牛頓立下了萬有引力相關的數學基礎。

他發明了微積分、萬有引力和運動定律，用以證實了天體運動。
牛頓以數學證明的運動定律，兩百多年來成為力學的主流思想。

牛頓不止步於推測和不確定的情況，而是將物理學變得可以計算。
科學家們透過牛頓開啟的道路，揭開了許多自然的祕密。

08

亞當斯密 Adam Smith, 1723~1790年

英國的政治經濟學家，也是倫理哲學家，被稱為近代經濟學之父。亞當斯密出生之時，正值產業革命的熱潮開始興起，從原本以農業為中心，逐漸轉移到生產為中心的時期。因此亞當斯密的關心，也更聚焦在社會變化的新經濟學上。《國富論》（1776）之前也有其他關於經濟的著作，但大部分都是擁護或批判政府，具有政治目的的書。直到亞當斯密才正式開始研究了經濟學。

亞當斯密在研究經濟學的過程中，始終都抱持著這個問題意識：「要進行什麼樣的經濟活動，才能讓全國國民變得富裕？」而他對這個問題的解答之一，就是以個人利益為基礎的自由競爭市場。亞當斯密理解到資本主義的生產方式在這個時期有多重要，認為政府的干涉會阻礙整體成員的經濟發展。

不過亞當斯密所處的時期是資本主義的胎動期。因此他對自由市場和資本主義的問題意識有過於單純的侷限性。即使如此，《國富論》依然是經濟學具代表性的經典著作。

「貓咪經濟被看不見的爪爪指引。」❶

喵當斯密

❶ 改編自亞當斯密「看不見的手」理論。

亞當斯密

敲響資本主義之鐘

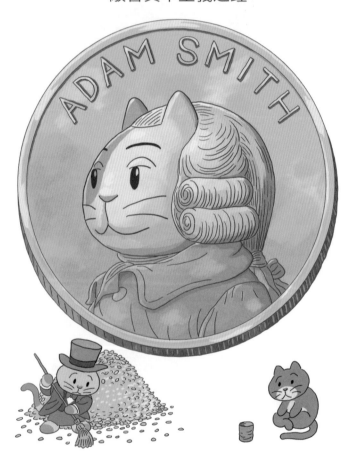

資本主義是象徵現代社會的核心概念。

今日資本主義的理論
幾乎等同於宗教的地位。

市場經濟理論之父——亞當斯密，

他的《國富論》就等同於近代經濟學的聖經。

市場的另一個名字，
「看不見的手」就是
資本主義社會之神。

個人的利益促進了社會的利益

亞當斯密要求個人應該盡可能地追求
自己的利益。

因此市場的主體實際
上不是個人，而是
少數的企業家。

引導成為買賣行動的是總會
運用資本的行家投資。

人受自利心驅使

個人追求自己的利益和經營只為了自己的利益。

等同於個人追求自己的利益。

自私地追求自己的利益，怎麼能促進社會的利益呢？

事實上，人活在社會上一定需要別人的幫助。
但是無法一直期待慈善人士或願意利他的人。

刺激別人的
自利心反而對
雙方有利。

政府不要干涉

亞當斯密非常反對政府干涉，並提出「看不見的手」的概念。

受到看不見的手指引，達到了並非本意想要達到的目的。

市場的自由競爭會自然決定商品的價格。

如果訂價過高，消費者就會持觀望的態度，商品價格自然就會降低。

產業的成長會創造工作機會，讓人們得以生活。

自由的市場競爭，實現了公正的交易。

當競爭有所限制時，少數就會獨占生產，獲取不當的利益。

政府的政策干涉市場時，就
會變成「看得見的手」。

個人比任何政治家或立法者
更能做出判斷。

當事者對於如何追求利益最清楚，因此不要干涉。如果政府
干涉市場會變得沒效率，個人和社會的利益都會變少。

亞當斯密的市場理論創造了自由放任主義。

在亞當斯密主張的市場裡，企業家可以自由決定投資、雇用、解雇、薪資和勞動型態。

可是亞當斯密的理論是在資本主義初期形成的。他沒能預料到之後衍生的許多問題。

亞當斯密的市場理論到目前為止，依然深深滲透並影響現代人的思維。

09

卡爾・馬克思 Karl Marx, 1818~1883年

德國哲學家,同時也是革命家,以奠定社會主義理論的思想
家聞名。青年時期透過報紙傳播革命性的民主主義思想,但
後來轉變為共產主義思想,發表了共產主義第一個綱領式文
獻《共產黨宣言》(1848),知名的口號「全世界的無產
者,聯合起來!」便是出自於此。晚年專注於撰寫說明資本
主義的運動法則,和轉換為社會主義過程的代表作《資本
論》。馬克思的思想不只在哲學、政治經濟學領域帶來莫大
的影響,他也親身參與工人運動等社會運動。19到20世紀
的工人運動和社會主義運動都深受馬克思主義影響。

馬克思的《資本論》(1867)是以客觀角度分析資本主義現
實狀況的經典著作。尤其有系統地分析了資本主義社會最嚴
重的貧富差距。若是考慮到時代的變化和資本主義的發展,
他的理論絕對有其極限。即使如此,馬克思的問題意識對於
理解人類歷史的過去和現在,以及展望未來的部分占有不容
小覷的地位。

「全世界的貓咪啊，聯合起來！」❶

喵・馬克思
Meow Marx

❶ 改編自《共產黨宣言》：「全世界的無產者，聯合起來！」

卡爾・馬克思

讓勞工變成歷史的主人

馬克思在韓國長久以來

被認為是紅色長角
的怪物。

對19-20世紀歐洲的勞工而言，
他是指引新時代的指導者。

DAS KAPITAL

馬克思分析了資本主義，
預測及研究了
社會兩極化問題的《資本論》，
被譽為社會主義的聖經。

馬克思並沒有把資本主義當成歷史的最後一個階段。

那只是人類經歷變化的一個過程。

兩極化的問題將成為邁向平等社會的踏板。

在這個過程中，工人要成為歷史的主人，扮演積極的角色。

揭開生產工具私有制的本質

原本在資本主義的經濟學中，將獲得勞動的結果看作私人所有權。

在經濟學中提到的「私有制」，不是指貨幣、物資等個人財產的所有權。

指的是土地、工廠等生產工具的私有制。

馬克思如是說：
「私有制看起來像是以勞動為基礎。」

實際上並不是如此。

那麼真的會因為每個人勤勉或懶惰等不同的個性，引起貧富差距嗎？

在勤勉的少數變得富裕時

懶惰的多數會因為不勞動花光財產，而變得貧困嗎？

他表示私有制不是透過勞動，而是透過掠奪而取得的。

實施奴隸制的古代國家，以征服的掠奪行為擁有了土地。
實施階級制度的中世紀國家，依照身分讓貴族強制擁有了土地。

我們來觀察資本主義的起始點好了。

15世紀在英國發生的「圈地」（enclosure）是資本主義的起點。

企業家為了發展羊毛產業，掠奪土地把農民趕出去占據了資本。

被掠奪了土地這個生產資料❶的農民，為了養家活口變成工人。

羊群好可怕。

資本主義也是透過掠奪過程建立起來的。

❶ 生產資料（means of procdaction）：又稱為生產手段。

資本家的利潤從何而來

三星電子的工人無法帶走他做好的手機。

現代汽車的工人無法帶走汽車。

他們雖然投資了勞力，但產品的所有權都在資本家手上。

然而按照馬克思的主張，連這種說法也有很多部分會變成搾取。
解開這個祕密的鑰匙就在於「無償勞動」。

那麼資本家的利潤來自哪裡呢？

資本家為獲得利潤會進行投資。

支付工人勞力的薪資就稱為有償勞動。

大家辛苦了～

沒有支付給勞工而收進資本家口袋的部分，就稱為無償勞動。

資本家拿走的無償勞動，就是資本家利潤的基礎。

第二，相同的勞動時間製造更多的產品。

導入生產線增加產量的方法是代表案例。結果就是勞動強度大幅提升。

以減少收入或是提高勞動強度的形式，

獲取資本家的利潤，也就是榨取勞動者的勞力。

馬克思認為搾取勞動者的根本原因，
在於少數資本家的生產工具私有制。

如果想要解決貧富
差距和搾取勞力，
就必須廢除私有制。

要變成公有制為中心的社會。

他相信激進的工人們一起團結和進行鬥爭，會成為引起變化的主要動力。

10

西格蒙德・佛洛伊德 Sigmund Freud, 1856~1939年

奧地利的精神科醫師，也被稱為精神分析學的創始人。得到醫學博士學位之後，在綜合醫院精神科進行臨床實驗研究了神經病理學。他是第一個研究人類潛意識的人，在分析精神的歷程及臨床研究系統化、制度化做出很大的貢獻。佛洛伊德之前也有研究精神疾病的行為，但佛洛伊德在透過用催眠療法治療歇斯底里病患的過程中，了解到精神疾病不是腦部問題，而是心理的問題。之後整理出透過潛意識解釋精神狀況的方法，並命名為「精神分析」。運用自由聯想法解釋夢境的《夢的解析》（1899）是第一本正式讓精神分析學問世的著作。他解析了1000多個夢，並將其理論化，整理了潛意識的功能和角色、潛意識和意識的關係。之後以許多病患的臨床實驗為基礎，發表了整理精神分析理論的《精神分析引論》（1917）。

西方的學問通常以意識為基礎，理性為中心發展，因此佛洛伊德的研究在當時沒能得到學界的認可。尤其談論到「性」，本身就是挑戰在社會禁忌，因此性慾相關的研究更是受到嚴重的批判。不過既有的精神疾病治療方法無法看到效果，因此佛洛伊德主張的若潛意識和意識沒有得到協調便會引發精神症狀的理論被大眾接納了。佛洛伊德的理論直至今日都成為哲學、社會學、文學等的理論基礎，發揮莫大的影響力。

「我的可愛來自於潛意識。」

西格蒙德・喵洛伊德
Sigmund Meowreud

西格蒙德・佛洛伊德

潛意識為精神的根本

現代人很自然地接受潛意識或心理學等觀念。
但是潛意識在很長一段時間，被認為是精神錯亂或是無意義
的現象。

正在減肥啊，
不能吃。

精神的主體被認為是意識中
的理性和感性。

沒錯，
我為什
麼會這樣
呢？

一定是餓死鬼
附身。

佛洛伊德在《精神分析引論》中表示，潛意識才是精神的主體。

「精神從潛意識移動到意識。」

潛意識在人類的判斷和行為中，扮演更重要的角色。
這個想法顛覆了人們原本對精神的認定和想法。

自我會做合理的選擇嗎？

想想平時犯的錯誤吧。
每個人都有說了不該說的話或行為，
而感到不知所措的時候。

例如長官在宣布開始會議時，卻說成「宣布散會」。

或者把接機
說成送機，
在剛碰到面的場合說
道別的話。

這些是任何人都有可能犯的失誤。

依據佛洛伊德的說法，這些失誤不是偶然發生的。
失誤屬於心理的行為。
等於呈現出長官
在潛意識中希望散會的心情。
潛意識和意識在彼此干涉的過程中，
混合在一起就會發生失誤。

夢是心理現象

人們通常會忽視夢，
或是當成深具意義的預言。

當代的科學家們主張
若是睡眠姿勢不佳，
就會造成做惡夢。

佛洛伊德的想法不一樣。

夢不是身體的現象，
是心理的現象。

不只是惡夢，有很多夢無法解釋成是身體造成的影響。

願望會引發做夢，希望實現夢境的慾望會變成夢的內容。

根據佛洛伊德的說法

夢是對於白天沒有被滿足的心願，表達遺憾、憧憬、體驗等的反應。

而且來自教育和道德的意識干涉，會扭曲夢的形態。

壓抑本能會造成潛意識

為什麼潛意識無法在平時顯露出來呢？
性慾本能的衝動對於喚起精神官能症具有很大的影響。
歷史上因宗教或道德觀，不斷地壓抑人類的本能慾望。
尤其性慾被貼上了墮落和罪惡的標籤。

性慾從小時候起就受到嚴格的限制。

因時代和文化等各種理由，壓抑了自慰行為。

佛洛伊德認為小朋友常玩的夫妻遊戲或醫生遊戲等，都會伴隨著身體的接觸，其中包含了許多性的成分。

如果在孩子的遊戲中，看到關於性的元素就會立刻喝止和責罵，而且教導青少年性是罪惡和不道德的行為。

佛洛伊德認為
用這種方式壓抑，對性的
慾望不會被消滅，反而會
隱藏在潛意識中。

如果對本能極度壓抑，就會造成精神疾病。

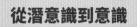

[從潛意識到意識]

慾望會隱藏在潛意識中，然後從意識的縫隙中顯露出來。

這時「潛意識的原型是被壓抑的事物」，
因此不會按照本來的樣子顯露出來。

連結潛意識和意識
兩個房間的走道上，站著
一個很可怕的護衛。如果沒
有得到護衛的允許，就無法
經過這個通道。

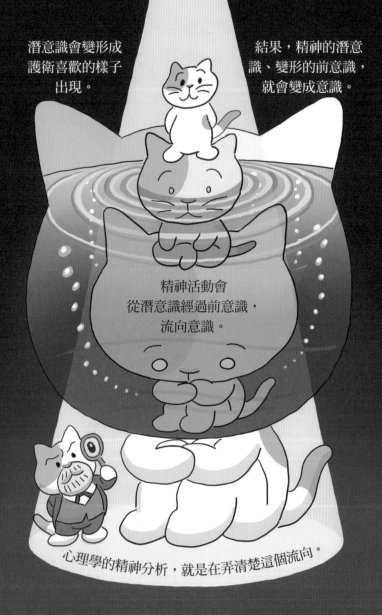

潛意識會變形成
護衛喜歡的樣子
出現。

結果，精神的潛意
識、變形的前意識，
就會變成意識。

精神活動會
從潛意識經過前意識，
流向意識。

心理學的精神分析，就是在弄清楚這個流向。

現代社會和未來社會

11

約翰・梅納德・凱因斯 John Maynard Keynes, 1883~1946年

英國的經濟學家。凱因斯批判原本主張自由放任的資本主義，要求政府積極介入市場。他寫了論述資本主義思想和經濟大蕭條解決對策的《就業、利息與貨幣的一般理論》（1936）。這本書之後成為總體經濟學的基礎，推翻了原有的古典經濟學的思想體系，對當時的經濟學掀起很大的改革，也被稱為「凱因斯革命」。

凱因斯之前的資本主義經濟理論，和擁護自由放任原理，讓企業家或個人以自利心左右市場的亞當斯密主張相差不遠。但是1929年席捲全球的經濟大蕭條顯露出這種傳統思考方式有其極限。凱因斯主張政府必須積極地介入公共投資，擴大有效需求。他認為必須明確地增加就業機會，並且為了長期維持這個狀態，政府在消費和投資上扮演非常重要的角色。凱因斯的理論在其他總體經濟學派也造成很大的影響，他被認定為20世紀最具影響力的經濟學家。

「政府必須拯救陷入危機的貓咪。」[1]

凱因喵
Catynes

❶ 改編自凱因斯的經濟理論。

約翰・梅納德・凱因斯

─○─

資本主義經濟危機的救世主

今日已經不存在自由放任的市場了。

雖然有程度上的差異，但沒有國家能完全脫離凱因斯的資本主義。

20世紀是「凱因斯革命」的時代。

凱因斯的研究不僅止於理想的經濟理論。
他想要拯救實際上陷入危機的資本主義。

以創造有效需求，
形成經濟成長的
良性循環。

凱因斯認為以自由
放任主義為基礎
的現實社會，
會不斷惡性循環。

脫離經濟衰退

經濟衰退是資本主義最具代表性的病態症狀。
凱因斯的著作《就業、利息與貨幣的一般理論》就是在
經濟大蕭條時出版。

到20世紀初為止，資本主義還處於經濟繁榮的時期。

克服第一次世界大戰傷口的大國們，描繪著永遠繁榮的美好未來。

1929年，前所未見的經濟大蕭條席捲了全球。

歷經十年，以全球為範圍持續出現經濟衰退。

股價總額下跌至四分之一，數萬間企業倒閉。
美國和歐洲的失業率飆升到約30%。

全球的產業生產衰退了幾乎20年，國際貿易大受打擊。

貿易保護主義的抬頭，讓自由貿易體制崩潰了。

如信仰般深信不疑的自由放任主義
就這樣在背後捅了自由市場一刀。

為了對應「看不見的手」，政府不斷地召開會議。
但自由主義經濟學，對這前所未見的現象，
拿不出任何解決對策。
那是急切需要「經濟成長良性循環」的時刻。

凱因斯就是在當時出現的救世主。

創造有效需求

凱因斯認為經濟大蕭條的原因來自於有效需求的萎縮。

在消費不足的狀態下持續過度生產，而招致了經濟大蕭條。

只強調供給的自由主義經濟學，在河堤已經坍塌之時，
卻只有提出雨停了就好的放任之道。

因此造成的消費萎縮，像迴力鏢般帶來生產萎縮。

根據凱因斯的說法，尤其窮人的消費能力很重要。

高所得階層已經將他們的需求消費完了，並將其他的收入儲蓄起來。

因此實際連結到
消費「有效需求」
的關鍵

在於低所得階層。

這些人會將增加的收入全部拿去消費。

如何創造有效需求

市場上如果只追求各自的利益，不確定性就會愈來愈大。
如果讓企業家和投機客變得可以左右市場，
資本主義就會陷入不景氣中。

在社會進行廣泛的投資，是接近充分就業的唯一手段。

政府必須介入創造有效需求，才可以脫離經濟大蕭條。

政府創造就業機會，導入福利政策，創造有效需求。

凱因斯的理論也受到社會主義的批判，但在社會進行「投資」而非「擁有」的觀點上，和社會主義相距甚遠。凱因斯希望藉由政府的介入，補足現有市場的缺點，以便讓市場再次順利的運轉。

最後凱因斯的處方以美國的新政作為具體實現。

羅斯福總統大舉投資了公共事業，擴大了就業機會，這個政策大獲成功。

美國的成功也影響了其他國家，
凱因斯理論立即擴展成為全球的經濟政策。
因新自由主義看似有點停滯的凱因斯理論，
隨著21世紀面臨的金融危機再次受到注目。

12

西蒙・波娃 Simone de Beauvoir, 1908~1986年

法國作家，存在主義哲學家，女性解放運動的先驅，她所撰寫的《第二性》（1949）成為了現代女性主義的基礎。她在索邦大學主修文學和哲學，1929年獲得哲學教授的資格。她認為自己身為女人，和男性是對等的存在，並將其想法實踐在社會改革和人生中。她認為既有的結婚制度，對女性是父權制的壓迫，因此1929年和沙特以平等關係為前提，簽了結婚契約，他們住在各自的家裡，維持著給對方完整自由，像是同志般的關係。

波娃的代表作《第二性》被譽為現代女性解放運動的教科書。她主張女性應該脫離附屬男人的「第二性」，成為對等且自由的人。這不只是對原本男性主義的觀點提出正面的批判，對佛洛伊德的精神分析學和馬克思主義的女性觀也加以批判，奠定了存在主義女性主義的基礎。隨著「女人不是天生的，而是後天形成的。」的名言，在實際生活中討論著女性議題。

「寵物不是天生的，
而是後天形成的。」[1]

喵蒙波娃
Beauvoirmeow

[1] 改編自「女人不是天生的，而是後天形成的。」

西蒙・波娃

讓女性成為世界的主人

女性主義運動的教母，西蒙·波娃。

雄在自己的著作《第二性》中，

主張女性和男性是同等的存在。

「第二」指的是女性是男性的附屬物。
這個主張在當時非常具有爭議性，
梵蒂岡教廷還將《第二性》列為禁書。

女性長久以來都得到極度的差別待遇。

直到1928年女性才擁有參政權。

女性的勞力只用在幫傭和洗衣等有限的工作中，而且連做這些工作也被看不起。

20世紀中期之後也開始到辦公室上班，

但這時的主要雇用基準是外表。

性別差異的起源

依據定義自己的主體，會分出誰是他者。

他者就是相對於主體的客體，也就是對象。

誰都不想要自發性地成為被體驗的對象。

根據波娃的主張，女性認為自己是主體，但依據男性的觀點變成了對象。

如果說主體是本質，那麼客體和對象就是非本質和附屬的存在。

如果世界的主人是男性，女性就是輔助的存在。

例如夏娃是用亞當的肋骨做成的。

一開始做了罩袍，讓穆斯林女性穿上的人是誰呢？

一開始實施纏足，將中國女性的腳綁起來的是誰呢？

這都是男性為主的父權社會強制要求女性的。

女性是後天形成的

女性不是天生的，而是後天形成的。

男性有肌肉，所以具有主導性，女性比較柔弱，必須受到保護。

男性的生殖器突出，所以較主動，女性的生殖器內包，所以較被動。

女性變成是被男性選擇，輔助男性的存在。

然而從強壯的身體找尋優越感的說法本身就很荒謬。

管理國家和企業的人，需要是肌肉強壯的人嗎？

人不應該用肉體來區分，而是要看精神層面和社會性。

193

女性是後天形成的是什麼意思呢？

這會成為討論性（sex）和性別（gender）的起點

性是生物學上的概念，性別是社會學上的概念。
隨著女人（female）的身體和
特定文化被規範的女性（women）是不同的概念。

像女生和像男生的定義

在成長過程中，女性的被動性依據男性的看法來決定。

「像個女生」是從童年時期開始養成的。

女孩子玩娃娃，就會出現「果然是女孩子」的反應。

讓男孩子穿褲子和藍色衣服，並買刀和槍的玩具給他們。

男孩子沒有
露出身體部位的限制。

女孩子露出
身體部位卻是
一種差恥。

孩子們看著爸爸和媽媽的口氣和行為，
學習像女生還是像男生。

男性是主動、喜歡挑戰的個性；女性是被動、保守的個性。

波娃認為像女生或像男生，
只是社會化過程中被塑造和強制灌輸的觀念。

女性永遠配合著男人，來決定她的想法和行為。

女性要成為主體，就要自我脫離他者的地位。

如果女性要成為主體，就要克服社會上的差別待遇，
再加上如果要取得團體和社會的支持。

性別差異在深受儒教影響的韓國社會更加嚴重。
必須脫離第二性，喚醒社會的認知來建構平等關係，
以及需要積極挑戰制度上的
差別待遇及文化偏見的態度。

男性本身也必須自省過去在父權制度社會中，所享受的既得利益。

13

切‧格瓦拉 Ché Guevara, 1928~1967年

阿根廷的醫師及革命家。1951年還在大學就讀醫學系時，和
朋友一起騎著摩托車到拉丁美洲的各國旅行，這趟旅程大大地
改變了切‧格瓦拉的人生。當時許多拉丁美洲國家都是由軍人
發生政變後進行獨裁統治，造成百姓飽受貧困和暴力之苦。
切‧格瓦拉看到這些人被嚴重榨取和壓制，想從馬克思主義找
到解決之道。但是他認為為了脫離軍事高壓統治，武裝鬥爭才
是唯一的革命手段。切‧格瓦拉從醫學系畢業之後，結識了菲
德爾‧卡斯楚，於是為了古巴革命一起遠征。他一開始是軍醫
官，但是逐漸變成一名戰士在前線領軍作戰，革命軍廣播的宣
傳也發揮了很大的效果。他的能力大受肯定，成為卡斯楚之外
第二大革命勢力，1958年切‧格瓦拉率領的革命軍，接連占
領了古巴的聖克拉拉及首都哈瓦那，從此掌握了權勢。
切‧格瓦拉雖然被任命為新政府的工業部長，但對於掌權後逐
漸官僚化的革命勢力感到失望，因此放棄了古巴公民的身份，
前往找尋新的夢想。1965年，他在非洲剛果率領革命軍；
1966年在南美的玻利維亞，對巴里恩托斯政權展開游擊戰。
1967年39歲時，被玻利維亞的政府軍逮捕後遭到槍決。

「直到最後都可愛迷人。」❶

喵・格瓦拉
Meow Guevara

❶ 改編自「直到最後的勝利。」

切·格瓦拉

現代解放運動的象徵

大部分的革命家在褪色的黑白照片裡，露出嚴肅的表情。

但想到切‧格瓦拉，就會想到印在Ｔ恤或背包的熟悉形象。

他是對抗壓迫的解放運動的象徵。

不只是在西方國家，切‧格瓦拉在亞洲的形象也差不多。

是擁有純真熱血胸懷的革命家。

身為醫師和革命家

切·格瓦拉出生於阿根廷。
夢想成為醫師的他,
即將從醫學院畢業之際,
和朋友一起去拉丁美洲旅行。

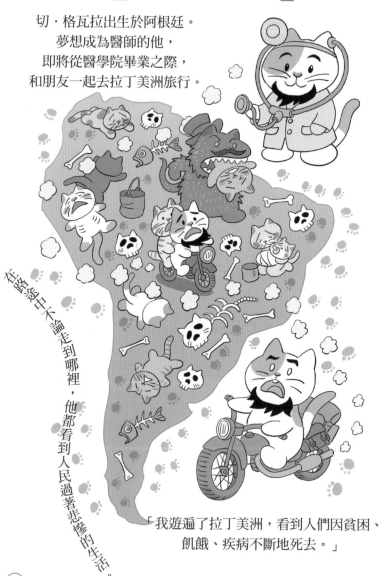

在旅途當中不論走到哪裡,他都看到人民過著悲慘的生活。

「我遊遍了拉丁美洲,看到人們因貧困、
飢餓、疾病不斷地死去。」

在旅途中目睹的淒慘情況，改變了切‧格瓦拉的人生。
他按照夢想取得了醫師資格，卻依然沒有停止煩惱。

治療可以讓病患本人感到幸福。

但是貧窮和匱乏這個病，該怎麼治療呢？

切·格瓦拉從提倡脫離權勢和資本統治，
回歸自由社會的馬克思主義中看到了希望。

他結識了古巴革命家菲德爾·卡斯楚，而加入了古巴革命。
他成為游擊隊的軍醫官前往古巴，那是切·格瓦拉成為革命家的第一步。

[成為古巴革命的英雄]

雖然以軍醫官的身分參戰，
但隨著戰火愈演愈烈，他轉變為革命戰士。

> 我是醫師，
> 還是革命家？
> 最終比起醫藥箱，我選
> 擇拿起了彈藥箱。

因古巴內的反政府勢力和革命軍會合，革命隊伍的規模變得逐漸擴大。
切‧格瓦拉在各個戰鬥中以優異的表現晉升至司令官，
成為起義軍的領導者。

1958年，切‧格瓦拉率領的革命軍進入古巴第二大城市聖克拉拉城。逼得走投無路的獨裁者巴蒂斯塔連忙逃亡。

卡斯楚和切‧格瓦拉立即進駐首都哈瓦那，古巴革命以成功告終。切‧格瓦拉在受壓迫的民眾心裡，變成了革命英雄。

再次成為自由人

切・格瓦拉成為
古巴革命的象徵後，
得到了高官的位置，
他卻不想安逸於現實。

模仿兄弟國的
做法是個失誤。
出現了必須鬥爭
的官僚化傾向。

革命之後快速官僚化的新政府，也影響了他的決定。

切・格瓦拉批判了當時社會主義國家的官僚化和個人崇拜的傾向。

當切‧格瓦拉一開始和卡斯楚相識時，提出的條件只有一個。
那就是革命成功後再次回到自由人的身分。
切‧格瓦拉留下一封信給卡斯楚後，就拿著槍回到叢林裡。

我在古巴完成了我的任務，別的地方需要我去獻出微薄的力量。

切‧格瓦拉拋下有保障的官位，
之後在剛果和玻利維亞等地進行革命活動。
他沒有違背信念，再次選擇了艱苦的試煉。

1967年他在玻利維亞打游擊戰時，
被玻利維亞政府軍逮捕及槍決。
一百多萬名的群眾聚集在古巴的哈瓦那，追思切‧格瓦拉之死。

比起權勢更追求信念的自由情操，看待人民的溫暖視線，應該就是他到現在依然受到許多人認同和支持的原因。

「當為了我們獻上我時，人類很美麗，現在也依然美麗。」

14

維爾納・海森堡 Werner Heisenberg. 1901~1976年

代表量子力學領域的德國物理學家。在慕尼黑大學主修理論物理學，以湍流相關的論文取得了學位。1927年發表了成為今日量子力學基礎的「不確定性原理」，1932年以量子力學獲得了諾貝爾物理學獎。代表著作之一《部分與全部》（1969）敘述原子物理學的誕生和發展過程中，所定義的自然觀和世界觀。他將量子力學不只侷限在物理學，也連結到包含自然和世界層面的哲學。他在詮釋主要思想的「不確定性原理」中，提及量子力學的粒子位置和動量、能量與時間等，聯合測量時無法同時觀測測量出正確的結果。這等於撼動了牛頓根基於自然的古典物理學。透過海森堡的理論，完全顛覆了現象是有規則的，以及可取得明確值的牛頓物理學，打開了嶄新的世界。

他在希特勒的統治下，似乎曾和納粹政權做出妥協，因此在世界大戰結束後得到了嚴厲的批評。尤其被懷疑在德國核武器開發計劃中擔任了關鍵的角色。

「當你看魚的瞬間，就沒辦法得知魚的存在。」[1]

海喵堡
Heisenbermeow

[1] 改編自海森堡的「不確定性原理」。

維爾納・海森堡

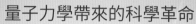

量子力學帶來的科學革命

直到20世紀初期為止，
科學的主流都是牛頓的古典物理學。

量子力學的出現變成了物理學界的革命。

原子、電子、質子、中子等，
研究微觀世界的過程中，
發生了一個大事件，
徹底改變對自然和科學的觀點。

牛頓古典物理學的原則

牛頓的古典物理學以確實的因果關係和預測可能性為前提。

古典物理學的所有現象都透過原因來解釋。

看到某種現象，背後一定有原因。

看起來複雜和沒有規則的現象背後，

一定隱藏著單純的規則。

大自然有一定的規則，

所以可以預測接下來的現象。

否定因果律

然而海森堡的理論推翻了
前面兩種前提。他否定了現象中
一定有原因的因果律。

我們將看到
因果律的破滅。

現象和原因不會直接劃上等號。

海森堡透過組成世界的基本物質——
原子來解釋自己的理論。

觀察鐳 B 原子釋出一個電子，然後轉移到鐳 C 原子的過程。

如果以古典物理學的常識來思考，
轉移的狀態或速度應該要有規則性。

不過實際的轉移過程完全不一樣。

不同的原子，
有的一秒內就能轉移，
有的會花上一天才能轉移。

這樣的隨機狀態，很難判定為同樣的原因所造成的結果。

釋出電子的方向也各不相同，所以找不到關鍵因素。

電子釋出後又被
認為是從原子核中
放射的物質波。

電子是粒子，同時也是波動。
因為會引起干涉現象，所以不能由某個關鍵因素
引起一連串的作用。

最終在時間和空間，都會引起隨機的變化。

因為沒有偏向哪種可能，

因此找出確切原因的嘗試就顯得沒有意義了。

海森保證明了宇宙的基本物質——原子的運動和變化，並不適用於因果律。

不確定性原理

他也證明了答案像蘋果掉下來般很明確的牛頓式數學計算，很難適用於因果律。

海森堡強調「量子理論要以統計學的方式來解釋」。

如果鐳B原子「30分鐘後只有約一半會引起變化」，這只代表平均值。

海森堡認為找出大概的統計和機率才是有意義的嘗試。

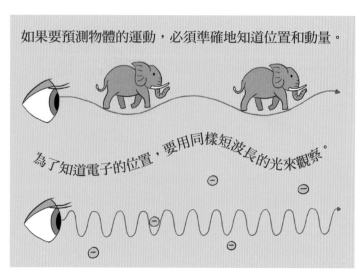

如果要預測物體的運動，必須準確地知道位置和動量。

為了知道電子的位置，要用同樣短波長的光來觀察。

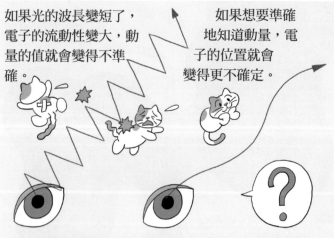

如果光的波長變短了，電子的流動性變大，動量的值就會變得不準確。

如果想要準確地知道動量，電子的位置就會變得更不確定。

最終在電子世界裡，位置和動量是彼此不確定的關係。

這就是量子力學所談論的不確定性原理。

我們只能把電子存在的時間和位置用機率來表示。

這徹底瓦解了大自然有絕對規律的傳統結論。

就這樣，牛頓物理學的可預測性失去了立場。

原本的科學認為偶然只是人類認知的極限。
有因果律和可預測性為前提，才被認定為是科學。

海森堡的量子力學提供了對大自然新的認知。
這個世界觀釋放了被關在既定規則的大自然。

15

雅克‧德希達 Jacques Derrida, 1930~2004年

法國哲學家。出生於阿爾及利亞，被推崇為代表現代的哲學家之一。他經歷了猶太人身分的差別待遇和西方文明的偽善而長大。1952年在巴黎高等師範學校研究齊克果和海德格等人的思想，畢業後在美國哈佛大學當助教，1965年被任命為高等師範學校的教授。1979在索邦大學教授哲學，也展現出積極參與政治的身影。

他對後現代主義裡深受影響的哲學導入了解構的概念。以解構主義的立場為基底，批判西方的形而上學和邏輯中心主義。他用批判思考的方式繼承了瓦解邏輯為中心的尼采思想，想要證實傳統哲學的虛構與界限。

其中他對於西方哲學二元對立為中心的傳統思維模式，採取批判的態度。德希達主張必須認清社會實際上有許多沒有對立面向的現象和狀態，想要解構有階級的二元對立所建構的巨大理論體系。

「我不是你們所想的貓。」❶

雅克・德喵達
Jacques Derrimeow

❶ 來自解構主義的概念。

雅克·德希達

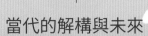

當代的解構與未來

德希達在過去數十年來，被認為是最具爭議的哲學家。

他是被稱為後現代主義解構主義哲學的代表思想家。

後現代主義是
象徵現代社會
的概念。

主張脫離現代主義的既定標準或典範，追求未來的新境界。

解構的主要對象是西方哲學的絕對基準——理性。
德希達認為支撐西方哲學的「講求合理的理性」，本身就喪失
了現代社會的意義。

解構理性就等於摧毀西方哲學這棟建築物的支柱。

為什麼無法信任理性？

德希達在表現理性的工具「語言」中，找到了問題所在。

信任理性的前提是語言必須可以準確地傳遞思想。

西方哲學本身就是透過語言累積的堅固高塔。

不過語言真的是能如實傳遞思想的工具嗎？

他認為我們不是受想法指示，使用了符號這個語言，
而是符號指示了意義，我們只是在那個指示的範疇內思考。

如果語言沒有傳遞任何意義，也會沒有觀點。

觀點的主人不是思維，只是符號上的語言。

意識是被放逐到意識外的事物。

意識不會自我啟動，而是要繞經符號才能啟動。

再加上語言隨著時間的流逝一定會變質，變成另外一個意義。

也因此溝通也會產生誤會。

結果是，以語言為媒介，跨越時間和空間嘗試創立普遍和客觀的理論，等於白費力氣。

最終人類會喪失自主且理性為主體的資格。
理性也會失去自律的地位，淪落為附屬於符號的地位。

人比起理性，更多是感覺和感性

寫出符號靠的多是感覺，因此思維比起理性更接近感覺。

寫出符號的記憶全靠感覺。

符號帶給人的熟悉感，主要來自於反覆的經驗形成的記憶。

為了方便記憶複雜的概念，我們會使用二元對立的思考模式。
自然和文化、自然和歷史、自然和法律……

西方哲學將感性隱喻，
創造出感官和精神、感知和知性、
感覺和意義等二元對立的概念。
對立的另一方是以感性
為基礎的自然要素。

透過如此才有可能建構處於高度發展階段的形而上學理論。

不過德希達認為屬於基礎哲學概念的這些隱喻是
抽象、流動的。這些隱喻經過歲月的流逝，
經歷了修辭和意義上的變化。

經歷變化之後，就喪失了普遍性與客觀性。

因此依靠隱喻的哲學，其嚴謹性也會迎向死亡。

隱喻時常
在自身內，
搬運哲學
之死。

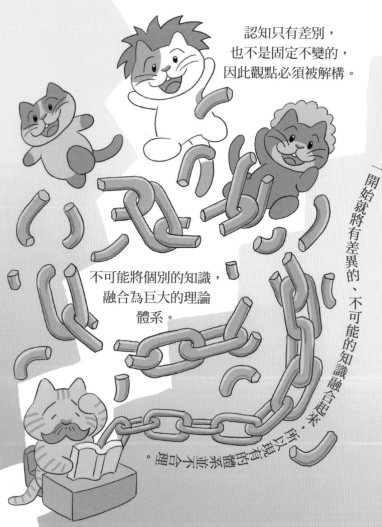

認知只有差別，
也不是固定不變的，
因此觀點必須被解構。

一開始就將有差異的、不可能的知識融合起來，所以現有的體系並不合理。

不可能將個別的知識，
融合為巨大的理論
體系。

尤其在複雜的現代社會，理性沒有能力將各種現
象以一種方式來解釋。

那麼知識未來要朝向哪裡呢？

以後的學問課題不再
像過去一樣，有人類
普遍性的需求。

在直接的、現實的領
域中，必須讓人類適
應複雜的方式。

德希達認為知識在個別
領域中，必須要侷限為
部分且特殊的角色。

不看可惜，看了超加分的

講解之旅

Docent tour

講解書中圖畫裡的意義，
是知道會更有趣的背景知識。
加上更進一步作為延伸閱讀的「增廣見聞」，
所有沒能放在內文、有幫助的花絮都收錄於此。

(020) 蘇格拉底生平沒有留下任何著作。

目前收錄的蘇格拉底思想，大部分是以弟子柏拉圖的描述為基礎整理的。關於哪些是蘇格拉底自己的想法，哪些則是柏拉圖的想法，研究者們都持有不同的意見。

本文所引用的《斐多篇》、《會飲篇》、《克力同篇》、《阿爾西比亞德斯》、《普羅達哥拉斯》、《理想國》都是柏拉圖的著作。

(021) 蘇格拉底對於大眾教育抱持著否定的態度。

他認為可以教導知識，但無法傳遞根源性的真理。如果要達到根源性的真理必須靠自我領悟的過程，因此提出了產婆術。

普羅達哥拉斯是古希臘的詭辯家，主張「人是萬物的尺度。」

他主張相對主義式的真理論，認為人類是隨著個人的認知，相對地認識及判斷事物，和主張客觀、有絕對真理的蘇格拉底持完全相反的意見。

他出現在柏拉圖的〈普羅達哥拉斯〉裡，和蘇格拉底進行論辯。

(027) 蘇格拉底被處以死刑的西元前399年，是雅典和斯巴達經歷長達27年的伯羅奔尼撒戰爭後戰敗之時。

戰爭結束後，雅典市民曾有一陣子經歷了斯巴達支持的「三十僭主」獨裁恐怖統治。之後雅典社會恢復了民主制度，發生了幾次反民主制度的政變，雅典的民主制度再度受到威脅。蘇格拉底不只和三十僭主的核心人物關係密切，連之後發生政變的人物也過從甚密。於是蘇格拉底被認為是有可能侵害民主制度的危險人物。

(027) 「克力同，我欠阿斯克勒庇俄斯一隻雞，你幫我還。」

喝下毒酒的蘇格拉底對身旁的朋友克力同留下了這樣的遺言。
阿斯克勒庇俄斯是希臘神話中的醫術之神，當時雅典人大病痊癒時，會到阿斯克勒庇俄斯神殿獻上雞以示感謝。
蘇格拉底為什麼沒有避開死亡呢？因為對他而言死亡只是肉體的現象。
人類的本質在於靈魂，肉體只是靈魂的附屬品。蘇格拉底反而認為死亡是更接近靈魂本質的過程。因此才會留下如此機智的遺言，說他欠治好「人生」這個病的阿斯克勒庇俄斯一隻雞。

斯東，2004，《蘇格拉底的審判》
柏拉圖，《申辯篇、克力同篇、斐多篇、會飲篇》
柏拉圖，《理想國》

增廣見聞

(033)「人都不能侍奉好了，怎麼能侍奉鬼神？❶ 對生都不太清楚了，怎麼會了解死是怎麼回事呢？❷」

孔子比起鬼神或死後的世界等人類未知的領域，更重視眼前現有的生活。孔子重視倫理道德，也是為了維持活著的人的秩序。透過「孝」教導人不是靠一己之力出現在這世上，過往有無數祖先的存在；透過「仁」教導生活在世上要彼此相愛。

(035)「知道的就是知道的，不知道的就是不知道的，這才是真的知道。❸」

這是孔子對弟子子路所說的話。

孔子形容子路「性格粗魯，崇尚勇猛和使蠻力，意志剛強和正直❹」。

孔子為了提點沉不住氣、不懂裝懂的子路才說了這句話。這句話與近年來認知心理學中很重要的概念「後設認知」也相呼應。

❶《論語・先進》：「未能事人，焉能事鬼？」
❷《論語・先進》：「未知生，焉知死？」
❸《論語・為政》：「知之為知之，不知為不知，是知也」
❹《史記・仲尼弟子列傳》：「子路性鄙，好勇力，志伉直…」

（039）春秋戰國時代的思想家墨子，在《墨子》中批判儒教的繁文縟節，反而會讓百姓浪費財物，並以三年之喪為例❶。

墨子把孔子強調的喪禮禮節規範稱為「足以喪亡天下的四種儒學學說❷」之一，並主張哀悼的期間三個月就夠了。

「讓貧窮的人行三年之喪就會蕩盡家產。農夫無法耕種，工人也無法修舟車或製造器皿。❸」

（041）孔子的弟子宰予善於言詞，但聽說很常被孔子訓斥。孔子說：「以前我看人，他說什麼，我就相信什麼；但我現在看人，會先觀察他所做的。❹」留下了如此嚴厲的批評。

❶《淮南子・要略》：「以為其禮煩擾而不說，厚葬靡財而貧民。」
❷《墨子・公孟》：「儒之道足以喪天下者，四政焉。…又厚葬久喪，重為棺槨，多為衣衾，送死若徙，三年哭泣，扶後起，杖後行，耳無聞，目無見，此足以喪天下。」
❸《墨子・節葬下》：「以此共三年……使農夫行此，則必不能蚤出夜入，耕稼樹藝。使百工行此，則必不能修舟車為器皿矣。」
❹《論語・公冶長》：「始吾於人也，聽其言而信其行；今吾於人也，聽其言而觀其行。」

孔子，《論語》
朱熹，《論語集註》
馮友蘭，《中國哲學史》，2015，台灣商務

增廣見聞

(044) 中世紀羅馬天主教會的修士們，有著只留下一圈頭髮，其他都剃光的奇特髮型。這是稱為tonsura的剪髮禮，為的是呈現宗教上的信仰及謙卑的態度。1972年，教宗保祿六世公開禁止了這項儀式。

(047) 阿奎納認為哲學是補充說明神學的關係。

下列是阿奎納在《神學大全》中對於神學和哲學的關係所做的說明。

為了救贖人類，可以用人類理性探究的哲學等各種學問，以及跟隨天主的啟示，形成某種教導。（……）神聖的教導可以接受任何哲學上的學問。但那不是絕對需要哲學性的學問，而是為了更顯而易見地傳遞神聖的教導。神聖的教導原理不是從其他學問中吸收，而是親自來自天主的啟示。因此神聖的教導不是要讓其他學問往上，然後從中吸取知識，而是讓其他學問往下，當作僕人來使用。等同於建築學使用替它服務的學問，也像是政治學使用軍事學的道理。

摘自多瑪斯‧阿奎納的《神學大全》第一冊的第一題

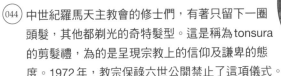

(048) 耶穌手上拿著的《聖經》，上面的阿爾發 α（Alpha）和歐米茄 Ω（Omega）是希臘文的第一個字母和最後一個字母，象徵「起始和結束」、「完整」和「豐盛」的意思。尤其在《聖經》裡也被拿來稱呼天主或是耶穌本身的名稱。光環（Halo）上的 ω 指天主，o 是耶穌，N 是拿撒勒人。

增廣見聞

阿奎納，《論存在者與本質》
阿奎納，《論獨一理智》
阿奎納，《神學大全》

(059) **奧古斯特・羅丹創作的〈地獄之門〉**
（1933年青銅雕塑）

是超過五公尺高的青銅作品，

以但丁《神曲》的〈地獄篇〉為主題創作。

上面雕塑了200多個人體雕像，

羅丹的代表作〈沉思者〉也屬於〈地獄之門〉的一部分。

羅丹耗費了三十多年來製作，最後還是沒有完成。

〈地獄之門〉頂端的中央站著惡魔「三個陰影」，用手指著
在地獄受苦的人們。

(060)

米開朗基羅的〈創世紀〉

在梵蒂岡西斯汀禮拜堂的天頂畫下的壁畫，正確來
說是〈創世紀〉中的〈創造亞當〉。

左邊優雅地躺臥的人是亞當，和亞當對著手指注入
生命的是上帝。

(061) **文藝復興**是從14世紀的義大利發起的。

會從義大利起源的背景有幾種原因：

首先羅馬帝國的遺產集中在這裡，因此相對地對羅馬文化比較熟悉。一開始羅馬是大家關注的對象，但漸漸發現隱藏在羅馬文化背後的希臘文化深具魅力，於是古希臘羅馬文化便一起受到注目。

再加上義大利是東西方交流的中心地區，比較容易接受在伊斯蘭圈廣為流傳的亞里斯多德等希臘文學。

從上方開始是李奧納多‧達文西的《維特魯威人》，
山德羅‧波堤切利的《維納斯的誕生》，
李奧納多‧達文西的《蒙娜麗莎》，
全都是文藝復興時期誕生的巨作。

(062) 但丁認為理性和感性都是必要的。

在《神曲》中引路的詩人維吉爾象徵人類的理性和哲學。不過只憑理性最終無法走上救贖之路。

將維吉爾送給但丁的是貝雅特麗琪，再加上為了回到目的地天堂，但丁需要她的愛。

在船上載著但丁和貝雅特麗琪划槳的人，是地獄的船夫卡戎。
兩人在卡戎的幫忙之下渡過了阿克隆河，抵達地獄之門。
地獄之門上寫著那知名的句子：
「進入此處者，拋棄一切的希望吧！」

(064)

貝雅特麗琪是但丁在九歲時第一次遇到,並愛慕一輩
子的女人。
她對但丁的人生造成很大的影響,
在但丁的其他著作中也能找到貝雅特麗琪的痕跡。

買賣聖職的人們正在受罰。
原為教宗的尼古拉三世因貪汙的罪
名,被倒吊在口袋形狀的洞上。
摘自但丁的《神曲·地獄篇》中

(068) 但丁處在宗教墮落腐敗的時代。從教宗開始,上位的聖
職人員透過買賣聖職,收下大筆錢財,也隨意安插親戚
到高官位置。用贖罪的名義累積了莫大的捐款,許多聖
職人員擁有私生子。但丁大膽地把策肋定五世、波尼法
爵八世、尼可拉三世、若望二十二世、克萊孟五世等實
際存在的教宗們放入地獄裡,讓他們痛苦掙扎。

但丁,《神曲》
薄伽丘,《十日談》
伊拉斯謨,《愚人頌》

增廣見聞

(077) 天動說（地心說）主張地球是宇宙的中心，所有天體都圍繞著地球
運轉。這是西元後一世紀左右，希臘天文學家托勒密系統化提出
的宇宙運動原理。

中世紀初期的基督教發現以人為中心的基督教
教理，非常適合托勒密的天動說，因此以此
為基礎立下神以地球為中心創造了世界，並
為了施恩給人創造了太陽、月亮和星星的說
法。超過一千年的時間，歐洲人都深信地球
是宇宙的中心。

(077) 哥白尼發表了《天體運行論》之後，他害怕自己會引來各方面的攻

擊，於是在書的序中寫著「將此著作獻給
教宗保祿三世」。他強調不是因為自己想
要發表，而是周圍一直勸說才出書的。而
且盡可能把會造成爭議的內容刪除了，即
使如此，他對自己的研究非常有自信。

如果請有學識的數學家，盡力思考檢視我的研究，我很確信他們會同意我
的意見。還有我為了向大家表示我沒有要逃避任何批判，所以才把我隱藏
的研究結果，比任何人都想獻給教宗。（……）
萬一對於數學無知，又很愛到處胡說八道的懶惰鬼，厚臉皮地扭曲《聖
經》的句子批評我或攻擊我，我反而會蔑視他們沒有智慧的批判。

哥白尼《天體運行論》，〈獻給教宗保祿三世的序文〉

哥白尼的日心說，其實並沒有完成。

哥白尼認為圓是神賜下最完美的幾何形狀，

他相信行星以太陽為中心，畫著完美的圓運轉。

即使圓的軌道與實際觀測的資料沒有很吻合，

他還是沒有改變自己的想法。

在那之後過了約一百年，德國的天文學家克卜勒

發表了行星們以太陽為中心，畫著橢圓形運轉的

「克卜勒定律」，才再一次在天文學界注入了一

股新的風潮。

伽利略，《星際信使》

哥白尼，《天體運行論》

增廣見聞

(092) 歐仁・德拉克洛瓦的《領導民眾的自由女神》

為了紀念1830年法國七月革命所畫的作品。
1886年美國獨立一百週年時，法國送給美國
的「自由女神像」也是參考此畫作所建。
原本畫裡「自由女神」拿著旗子和槍，但在
雕像裡依照美國政府的要求，換成火炬和書。

「權力和主權來自人民。」

盧梭這個理論，在現實面曾受到批判。
因為盧梭的理論可以用似是而非的方式主張國民的意
志，將忽視個人的要求正當化。熱烈擁護盧梭的羅伯斯
比就是代表性的例子。法國大革命之後以恐怖統治聞名
的羅伯斯比，就是以盧梭的理論為基礎打壓君權神授
說，推動選舉等，想要建立保障個人主權的國家。可是
在那個過程中將大量的犧牲正當化，獲得了「沾滿盧梭
鮮血的手」的外號。

增廣見聞

盧梭，《社會契約論》
盧梭，《愛彌兒》
盧梭，《論人類不平等的起源與基礎》

(107) $F=ma$ 和牛頓的第二運動定律加速度的法則有關。

質量 m 在物體上施了 F 的力，那麼物體就會

有加速度 a 的意思。

$F=\dfrac{mv^2}{r}$ 是求向心力的公式。

物體的質量 m 和運動速度 v 平方相乘的

值，除以物體旋轉軌道的半徑 r，就能求

得物體所受的向心力 F。

$F=G\dfrac{Mm}{r^2}$ 是求萬有引力的公式。

萬有引力常數 G 乘上天體的質量 M 和物體的

質量 m 後，除以天體和物體之間的距離 r 的

平方，就能求得物體所受的萬有引力大小

F。

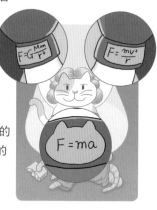

《自然哲學的數學原理》（Philosophiae Naturalis Principia Mathematica）在 1687 年發行了三本，原文是拉丁文。牛頓在這本書中介紹了三種運動定律和萬有引力的法則，內容艱澀難懂到在當時也十分惡名昭彰。

(116) 整理牛頓的運動定律如下：

第一運動定律：慣性
如果沒有施加任何力量，靜止的物體會持續靜止，運動的物體會持續朝著既定的方向和速度運動。

第二運動定律：加速度
某個物體會依據加速度與力的大小成正比。

第三運動定律：作用與反作用力
所有作用都有同樣大小和方向相反的反作用力。

增廣見聞

牛頓，《自然哲學的數學原理》
尚・皮耶・莫里(Jean Pierre Maury), 1995《牛頓：天體力學的新紀元》

(128) 亞當斯密在《道德情操論》裡表示：「個人對於經濟上的自利，應在社會的道德界線裡容許的範圍」，強調絕對無法容許個人無止境的自利行為。亞當斯密認為個人的自利行為，在他的理論下可以一起提升共同的利益，因此才會主張自由市場經濟最有幫助。

(134) 每當資本主義顯露出問題時，亞當斯密就會受到批評。不過他在《國富論》中提到「如果社會成員大多數都是貧窮悲慘的，絕對無法繁榮和幸福。」他主張為了引領經濟成長，必須盡可能提高勞工的薪資水準。亞當斯密認為，雖然不能說是很健全，但是刺激自利心形成經濟發展，脫離絕對貧窮，看不見的手就會發揮作用打造公平的社會。他夢想著大家一起共享繁榮的世界而寫下了《國富論》，但卻過於小看人類和資本主義的貪念。

亞當斯密，《道德情操論》
亞當斯密，《國富論》
米爾頓・傅利曼，2021，《選擇的自由》

增廣見聞

(138) 馬克思的《資本論》（Das Kapital）是以冷靜的觀點分析資本主義現實的經典著作，一共分為三本。1867年發表了第一本，在第一本中談論了等同於資本主義細胞的「資本的生產過程」。在這裡分析產品生產的過程中，如何產生利潤和累積資本。第二本透過流通過程，研究資本的周轉及運作原理。第三本對於生產領域中產出的利潤，會如何分配到各個社會階級，並分析在這個過程中資本主義的矛盾會如何深化。

時代改變，資本主義也隨著改變，《資本論》的論述也變得很有限，但馬克思所提出的問題意識，依然很有意義。

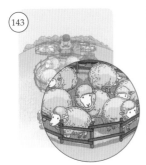

(143) 圈地（enclosure）在字典的意義是「圍起柵欄」。

湯瑪斯·摩爾在《烏托邦》一書中，用「吃人的羊」來形容英國的圈地行為。

15世紀末期，英國的羊毛產業和紡織產業非常興盛，於是地主們把借給農民的土地全部收回來，即使是共同耕種地也圍起圍籬私有化。然後在那些土地上開始養羊。

圈地這個名稱，就是取名於在地上圍起柵欄。地主和仕紳們透過羊毛產業累積大量財富的時候，被搶走土地的農民失去工作，流向城市變成廉價勞工。英國的產業革命和資本主義，在他們的廉價勞力下開始起飛。

(148) 正式將生產線導入生產過程的是「福特汽車」的亨利・福特。1913年在導入生產線之前，汽車組裝全靠手工進行，所以生產速度很慢，價格也很高。導入生產線打開了量產的大門，在整體產業引起很大的變革。不過隨著生產量大幅增加，也加重了勞工的負擔。

馬克思，《資本論》

(153) 潛意識指「對意識造成影響，但若沒有透過夢境或精神分析的方法，不會意識到的意識。」

這個潛意識的發現是佛洛伊德的豐功偉業，他主張潛意識不同於平常的認知，在我們不知道的地方隱密地操縱我們。

人可以了解和控制意識，但潛意識沒有辦法被控制。

(161) 伊底帕斯情結（又稱戀母情結）是佛洛伊德在《夢的解析》裡第一次提出的概念，是關於兒子忌妒爸爸，對母親感到性吸引力的感情。這個情結來自希臘神話的伊底帕斯，伊底帕斯是依照命運殺了爸爸，和媽媽結婚的悲劇英雄。

佛洛伊德將伊底帕斯情結分析為兒子在潛意識中，想要超越父親的願望。佛洛伊德認為發生伊底帕斯情節是幼兒時期，他指出慾望受到壓抑和消除的過程中，潛意識和意識的界線就會變得分明。

佛洛伊德將精神構造分為意識、前意識和潛意識。

雖然隱藏起來，但可以意識化的就是前意識。

「前意識比起潛意識更靠近意識。」

可以輕易地接近前意識的內容，只有暫時會變成潛意識。

潛意識的內容無法自由地流向前意識。

因為兩者之間會有壓抑和審核的作用。

前意識位於潛意識和意識之間，受到性慾本能等原始因素影響，

但同時也受到意識的語言和邏輯思考等二次思考的過程。

佛洛伊德，《抑制、症狀與焦慮》
佛洛伊德，《夢的解析》
佛洛伊德，《精神分析引論》

增廣見聞

(173) 將經濟衰退形容為資本主義病態症狀的人
是卡爾·馬克思。

馬克思在《資本論》裡提到資本主義的經
濟，因為內部有矛盾，有一天一定會造成
生產和消費的不均衡，因此會發生經濟衰
退，即經濟危機。

(174)

第一次世界大戰之後，美國大約有十年的時間經歷了
前所未有的榮景。

企業們大幅增加生產量，人們盡情地吃喝玩樂。

這個時期甚至被稱為「咆哮的二十年代（Roaring
Twenties）」。

因農作物的過度生產，農產品的價格大跌，
過度生產的工業產品在市場內無法被消費等，
逐漸出現經濟衰退的前兆，卻沒有人去留心注意。

1929年10月24日和10月29日，道瓊指數接連暴
跌，告知了經濟大蕭條的即將來臨。那兩天各自被稱
為「黑色星期四」和「黑色星期二」。接著企業接連
破產，失業率節節上升。

像這樣開始的經濟大蕭條持續到爆發第二次世界大
戰的1939年為止。經濟大蕭條開始之後，全世界的
GDP減少了15％，光在美國就出現了一千多萬名失
業者和破產者。

⑱ 凱因斯主張政府要積極涉略公共投資，擴大有效需求。根據凱因斯的處方，羅斯福總統執行了政府介入市場的「新政」。美國政府發行鉅額的公債，籌措大筆投資財源，並大規模展開田納西河谷管理局及舊金山金門大橋建蓋等公共事業。

而且限制了耕種農作物和生產工業產品的數量，以補助經費來替代等，進行廣範圍的失業救濟。當新政得到了效果，凱因斯的理論不只被美國政府的官員，也在經濟學者之間逐漸變得有說服力。1970年代的尼克森總統也曾表達：「我們現在都是凱因斯主義者。」

凱因斯，《就業、利息與貨幣的一般理論》
彼得．克拉克，2010，《為什麼是凱因斯？》

增廣見聞

(186) **歐仁・德拉克洛瓦的《領導民眾的自由女神》**

這是記錄市民們為了爭取自由，拿起武器抗戰的畫。

正中央拿著象徵自由、平等、博愛的法國三色旗的女人，叫做「瑪麗安娜」。這是結合了法國很常使用的女性名字「瑪麗」和「安娜」，變成代表民眾的象徵。

「瑪麗」和耶穌的母親「瑪麗亞」是同義詞，「安娜」是瑪麗亞母親的名字。在天主教徒占大多數的法國，「瑪麗」和「安娜」是很熟悉且神聖的名字，也是透過法國革命誕生的法國共和國，最具象徵性的名字。

在1848年被公開發表為法國的象徵之後，瑪麗安娜的上身像被放置在各個城市的市政府，甚至還出現在法國郵票中。法國每十年會票選一次象徵智慧和勇敢的瑪麗安娜，知名演員碧姬芭杜、凱撒琳・丹尼芙、蘇菲瑪索等都曾獲選。

(189) 波娃在《第二性》仔細說明了主體會規範他者的理由如下。

任何一個集團在不和他者直接對立的情況下，無法將自己自身認定為主體。（……）主體透過對立才能決定自己，即主張自己是本質，把他者設定為非本質的客體，才能確立自己的位置。只是其他意識也會對此主體做出同樣的反應。（……）任何主體都不會立刻自發性地變成非本質性的個體。不是自己定義為「他者」，而是「他者」定義了「主體」。先定義自己為「主體」，然後依據「主體」，「他者」才會定義為他者。可是他者沒有辦法變成主體，代表那個他者服從對方的觀點。

——摘自波娃《第二性》

(192) **波娃在《第二性》中，以三種觀點分析和反駁女性的本質被定義為劣等的理由。**

第一個是生物學上的觀點。女性的身體確實比男性柔弱，但這種身體特性不能分出優劣。而且也無法說明女性為什麼要成為他者。人類已經建立了社會，而且形成了文明的社會。

第二是精神分析學上的觀點。佛洛伊德分析女性是去勢的存在，即有缺陷的存在才會崇拜陽具。波娃批判了這種理論，並說：「陽具之所以擁有價值，那是因為在其他領域所擁有的絕對權力。」

第三是歷史唯物論上的觀點。恩格斯和馬克思主張女性的從屬地位是技術發展的必然結果，隨著階級解放女性問題就能得以解決。可是波娃批判恩格斯把壓制女性和階級鬥爭的問題混為一談，也指謫私有制一定會造成女性為附屬品的事情並不是很明確。然後說了下列的話：「附屬現象是想要以客觀的方式顯示自己的優越感，這是人類意識裡的帝國主義造成的結果。人類的意識裡，如果沒有他者這個基本範疇和想要控制他者的意識，那麼就算發現青銅器，也無法導致壓迫女性。」

西蒙波娃，《第二性》

增廣見聞

202 從左邊開始依序是寫《資本論》的革命家馬克思，

發展馬克思思想的俄羅斯共產主義者列寧，

樹立中國共產主義的毛澤東，

越南獨立運動家，也是共產主義革命家胡志明。

206 菲德爾‧卡斯楚是古巴共產主義革命家，也是獨裁者。

古巴革命時，古巴由親美政府所領導的獨裁者富爾亨西奧‧巴蒂斯塔掌權。

因為持續很久的經濟困頓，巴蒂斯塔政府早已失去民心，民眾都轉向支持革命軍。

反政府軍節節逼近，巴蒂斯塔只好逃亡。

終於取得政權的卡斯楚透過大舉改革，將古巴脫胎換骨為拉丁美洲第一個社會主義國家。

之後49年來一直統治著古巴，以全世界執政最久的獨裁者登上了金氏世界紀錄。

(207) 兩個箱子

被敵人襲擊的一位同志
說情況有點危急，
丟下了兩個箱子，
便朝著甘蔗田裡逃跑了。
一個是彈藥箱，
另一個是醫藥箱。

不過，
中彈受重傷的我，在兩個箱子中只能搬運一個。
果然，
身為醫師的義務和革命家的義務，
我該選擇哪一個才好呢？
我
一輩子第一次陷入深沉的煩惱中。

真正的你是誰？
醫師？
還是
革命家？

現在
放在你腳前的
兩個箱子正在問你。

我
最終比起醫藥箱，
選擇拿起了彈藥箱。

切‧格瓦拉，《切格瓦拉詩集》（無中譯本）

你為什麼在這裡？

阿根廷的記者豪爾赫‧馬塞帝
1958年採訪切‧格瓦拉和菲德爾‧卡斯
楚後，將內容透過廣播播出。

馬塞帝： 你為什麼在這裡？

格瓦拉： 我認為除掉美洲的獨裁者，唯一的路是讓他們下台，因此我在這裡。不論用什麼手段都要讓他們下台和沒落，我想愈直接愈好。

馬塞帝： 介入其他國家的內政，有可能會被認為是干涉，你不擔心這件事嗎？

格瓦拉： 不只是阿根廷，我認為全拉丁美洲都是我的祖國。如果我獻上我和我的一切，為了我認為正當和眾人的大義獻上鮮血，可以除掉事實上容許武器、飛機、錢、軍隊的顧問團等外部干涉的獨裁政權，幫助了某個國家的國民，那麼我認為我的獻身無法被描述為干涉。

切‧格瓦拉《切‧格瓦拉的影像與記憶》，邱德真譯，聯經出版，2010

增廣見聞

讓‧柯爾米耶《切‧格瓦拉》
切‧格瓦拉，《摩托日記》
切‧格瓦拉，《切‧格瓦拉語錄》
菲德爾‧卡斯楚，《切：卡斯楚的回憶》

(220) 《部分與全部Der Teil und das Ganze》（1969）

這是海森堡的學術研究式自傳，記載研究物理學的動機
和定義量子力學理論，並和其他學者分享的討論。

和波耳、薛丁格、愛因斯坦等知名物理學家們的討論，讓量子力學不僅
僅存在於物理學的範疇內，也引領到和自然與世界有關的哲學式思考。
他親身展現了學問可以透過學者們的多元對話發展的過程。

(227) 根據牛頓的研究，物質的現象屬於機械式的運動，因此有規律和確定的
值。不過在量子理論中，為了準確地敘述對象的位置，就無法準確地得
知對象的動量；想要準確地敘述對象的動量，就無法準確地知道對象的
位置。海森堡曾說過：「人無法準確地看到，才是自然的真相。」

牛頓的物理學基本上以主體和明確分離的客觀實體為
物質世界的前提。可是根據量子理論，主體和客觀對
象很難完全分離。對象的狀態具有不確定性和不連續
性，和認知主體的觀察有關。測量主體之前，只有各
種可能的狀態像是機率般分散在各處，科學家透過測
量選擇其中一個來觀察。觀察認知主體的前後，對象
的狀態會不連續的改變，因此沒有認知主體的介入，
沒有辦法好好到達科學認知的程度。

愛因斯坦，《相對論》
弗里喬夫・卡普拉，《物理學之道：近代物理學與東方神秘
主義》
海森堡，《部分與全部》

增廣見聞

236 「論文字學（grammatologie）」是波蘭出身的美國學者蓋爾
布（Ignace Gelb）在1952年創下的用語，代表研究文字、
字母、音節、讀、寫等研究領域，即文字學之意。
這也是德希達代表著作的書名。在《論文字學》中，德希
達對比了語音文字和書寫文字，認為語音文字為中心的西方形而上
哲學是問題所在，而嘗試解構。德希達認為過度評價語音文字，和
書中所寫的即真理，把書看成完美器皿的思考方式，是理性中心主
義者的特性及偏見。

240

原有的哲學將世界以「時間」和「空間」這樣的二元對
立概念來理解。判斷人類的思考和行為時，也會用
「善」和「惡」，了解人類的本質時，用「精神」和「肉
體」或是「理性」和「感性」等二元對立的思考模式。
大致上一方具有優越和統治性的地位，另一方則是劣勢
和附屬的地位，形成位階秩序。
不過這種二元對立不是一開始就存在的。
那只是依據理性人為做出來的對立，理性為中心的思考
是西方思維的根本。
我們不斷地想要將我和他者區分為二元對立，但德希達
認為這是不可能的，只要一旦分離了就無法單獨成立。

增廣見聞

德希達，《解構》
德希達，《馬克思的幽靈》

Graphic Times 61

喵的天啊！貓咪街上遇見蘇格拉底
고양이 맙소사, 소크라테스! 산책길에 만난 냥도리 인문학

作　者	朴弘淳 박홍순	
繪　者	朴淳贊 박순찬	
譯　者	葛增娜	

野人文化股份有限公司

社　長	張瑩瑩
總編輯	蔡麗真
責任編輯	徐子涵
校　對	魏秋綢
行銷經理	林麗紅
行銷企畫	李映柔
封面設計	萬勝安
美術設計	洪素貞

出　版	野人文化股份有限公司
發　行	遠足文化事業股份有限公司（讀書共和國出版集團）
	地址：231 新北市新店區民權路 108-2 號 9 樓
	電話：（02）2218-1417　傳真：（02）8667-1065
	電子信箱：service@bookrep.com.tw
	網址：www.bookrep.com.tw
	郵撥帳號：19504465 遠足文化事業股份有限公司
	客服專線：0800-221-029
法律顧問	華洋法律事務所　蘇文生律師
印　製	凱林彩印股份有限公司
初版首刷	2023 年 10 月

有著作權　侵害必究
特別聲明：有關本書中的言論內容，不代表本公司／出版集團之立場與意見，
文責由作者自行承擔
歡迎團體訂購，另有優惠，請洽業務部（02）22181417 分機 1124

國家圖書館出版品預行編目（CIP）資料

喵的天啊！貓咪街上遇見蘇格拉底 / 朴弘
淳作；朴淳贊繪；葛增娜譯. -- 初版. -- 新
北市：野人文化股份有限公司出版：遠足
文化事業股份有限公司發行, 2023.10
　面；　公分. --（Graphic times）
譯自：고양이 맙소사, 소크라테스！：산책
길에 만난 냥도리 인문학
ISBN 978-986-384-930-8（平裝）

1.CST: 世界傳記

781　　　　　　　　　　112013735

고양이 맙소사, 소크라테스！산책길에 만난 냥도리 인문학
Copyright © 2022 Park Hong Soon
Illustrated by Park Soon Chan
All rights reserved.
Original Korean edition published by Viabook Publisher.
Chinese（complex）Translation Copyright ©2023 by Yeren
Publishing House.
Chinese（complex）Translation rights arranged with Viabook
Publisher
through M.J.Agency, in Taipei.

喵的天啊！
貓咪街上遇見蘇格拉底

**野人文化
官方網頁**

**野人文化
讀者回函**

線上讀者回函專用
QR CODE，你的寶
貴意見，將是我們
進步的最大動力。

喵格拉底

孔喵

阿奎喵

喵丁

喵白尼

喵-雅克·盧梭

喵頓

喵洛伊德

凱因喵

喵克思

喵蒙波娃

喵當斯密

喵格瓦拉

德喵達

海喵堡